さんすう
SANSU

うんこ夏休みドリル

もくじ

こくごは
はんたいがわから
はじまるよ!

がんばるのじゃ

JN079090

10までの　かず ①

がくしゅうび
がつ
にち

1 うえの　えを　みて，（うんこます）に　かずを　かきましょう。

10までの　かず ②

がくしゅうび　　がつ　　にち

1 うえの　えを　みて，▢に　かずを　かきましょう。（▢＝うんこます）

いくつと　いくつ ❶

がくしゅうび　　がつ　　にち

うんこが　ぜんぶで　5こに　なるように，に
いろを　ぬりましょう。

①

②

2 あわせて　7こに　なるように，うえと　したの　うんこを
■——●で　むすびましょう。

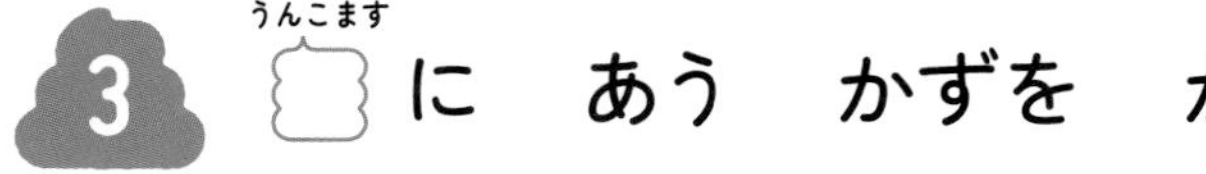

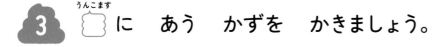

3 ▢に　あう　かずを　かきましょう。

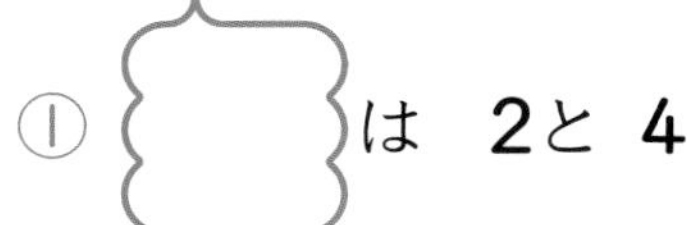

① ▢は　2と　4

② 9は　▢と　6

いくつと　いくつ ❷

がくしゅうび　　がつ　　にち

1 うんこが　それぞれ　8こ　あります。うんこ先生(せんせい)が　かくして　いる　かずを　うんこます(□)に　かきましょう。

① 

5と □

② 

2と □

2 あと　いくつで　10に　なりますか。うんこます(□)に　あう　かずを　かきましょう。

① あと □

② あと □

③ あと □

3 うんこます(□)に　あう　かずを　かきましょう。

① 9は　7と □

② 10は □と　5

5 さんすう

なんばんめ

がくしゅうび　がつ　にち

1 したの　えを　みて　こたえましょう。

① まえから　3びきの　うんこむしを　○(まる)で　かこみましょう。

② まえから　3びきめの　うんこむしを　○(まる)で　かこみましょう。

2 したの　えを　みて，｛　｝(かっこ)に　こたえを　かきましょう。

(うんこます)には　かずを　かきましょう。

うきわ

ふね

かに

おじさん

すいか

やどかり

みぎ

① ひだりから　5ばんめは，｛　　　｝です。

② みぎから　4ばんめは，｛　　　｝です。

③ おじさんは　ひだりから  ばんめで，みぎから  ばんめです。

6
さんすう

たしざん ❶

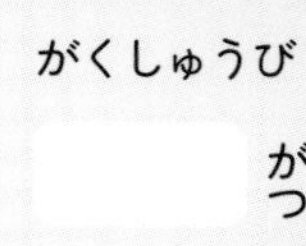

1 したの　えを　みて　こたえましょう。

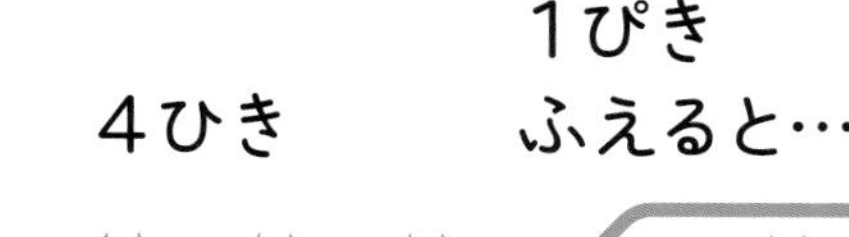

① ふえると　なんびきに　なりますか。
うんこます に　かずを　かきましょう。

② うんこます に　かずを　かいて　しきに　あらわしましょう。

しき

2 したの　えを　みて　こたえましょう。

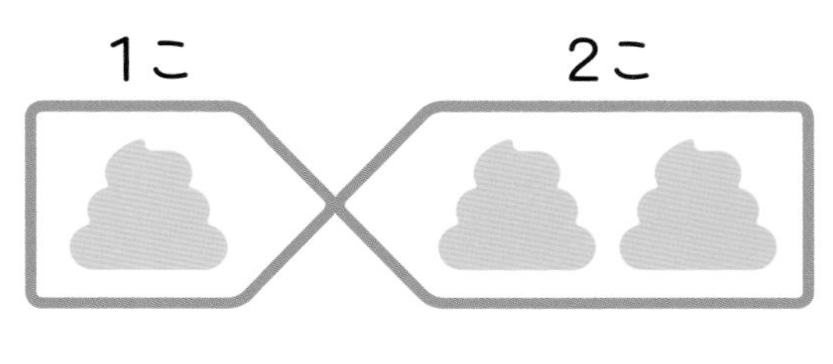

① あわせると　なんこに　なりますか。

うんこます に　かずを　かきましょう。

② うんこます に　かずを　かいて　しきに　あらわしましょう。

しき

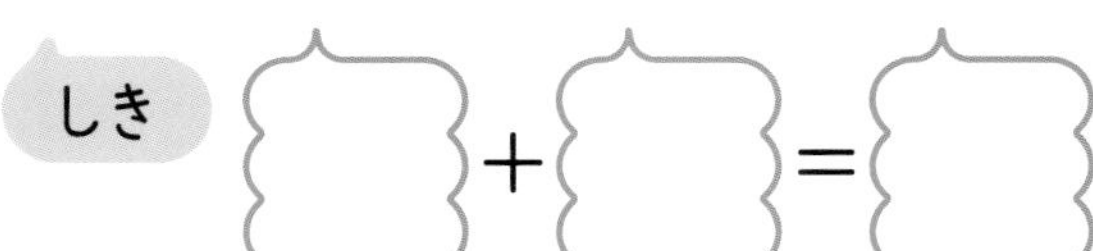

たしざん ❷

がくしゅうび　がつ　にち

1 おとうさんの　せなかに　うんこが　2こ　のって　います。
おとうとが　もう　1こ　のせました。
おとうさんの　せなかの　うえの　うんこは，
ぜんぶで　なんこに　なりましたか。

しき

こたえ　＿＿＿＿＿こ

2 あたらしい　くつを　はいて　がっこうへ　いきました。
いく　とちゅうで　うんこを
3かい　ふみました。かえりに
2かい　うんこを　ふみました。
ぜんぶで　うんこを　なんかい
ふみましたか。

しき

こたえ　＿＿＿＿＿かい

3 けいさんを　しましょう。

① 1＋5　　② 2＋4

③ 2＋3　　④ 1＋1

たしざん ❸

がくしゅうび　　がつ　　にち

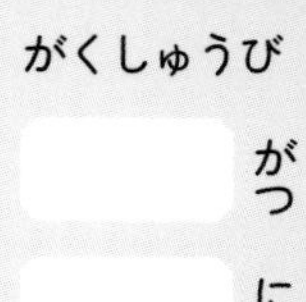

1 けんすけくんは，あさ　うんこの　えを　5まい　かきました。よるは　2まい　かきました。けんすけくんは，うんこの　えを　ぜんぶで　なんまい　かきましたか。

しき

こたえ ＿＿＿＿ まい

2 せんせいが　うんこを　9こ　もって　きょうしつに　きました。その　あと，こうちょうせんせいが　もう　1こ　もって　きました。きょうしつに　ある　うんこは，ぜんぶで　なんこに　なりましたか。

しき

こたえ ＿＿＿＿ こ

3 けいさんを　しましょう。

① 2＋6　　② 3＋3

③ 4＋5　　④ 1＋7

たしざん ④

がくしゅうび　　がつ　　にち

1 ほしぞらの　しゃしんが　7まい，うんこの しゃしんが　1まい　あります。しゃしんは　ぜんぶで　なんまい ありますか。

しき

こたえ ＿＿＿＿＿ まい

2 サングラス（さんぐらす）を　かけた　おじさん　4にんと，めがねを かけた　おじさん　3にんが，うんこを　はさんで にらみあって　います。おじさんは　あわせて　なんにん いますか。

しき

こたえ ＿＿＿＿＿ にん

3 けいさんを　しましょう。

① 2＋5　　② 5＋4

③ 8＋2　　④ 1＋6

たしざん ⑤

がくしゅうび　がつ　にち

1 ぼくは　こうていを　1しゅう　はしりました。
こういちくんは　うんこを　あたまに
のせて　4しゅう　はしりました。
ぼくと　こういちくんで，あわせて
なんしゅう　はしりましたか。

しき

こたえ ＿＿＿＿しゅう

2 おとうさんが，うでどけいを　ひだりてに
6こと　みぎてに　1こ　つけて
うんこを　して　います。おとうさんは，
あわせて　なんこの　うでどけいを
つけて　うんこを　して　いますか。

しき

こたえ ＿＿＿＿こ

3 けいさんを　しましょう。

① 3＋7　　② 6＋3

③ 4＋4　　④ 1＋9

11 スペシャル うんこは ロッカーに しまおう！

うんこの　おとしものが　4こ　とどいたよ。つぎの　ページの　ロッカーの，どこに　しまえば　いいかな？
したの　ぶんを　よんで，あ い う え の　どこに　しまえば　いいかを　うんこますに　かこう。

へたくそうんこ

さかさまうんこと
ふわふわうんこの　あいだ。

しましまうんこ

ほそいうんこの　したで，
ふわふわうんこの　ひだり。

ひえひえうんこ

うえから　2ばんめで，
ひだりから　3ばんめ。

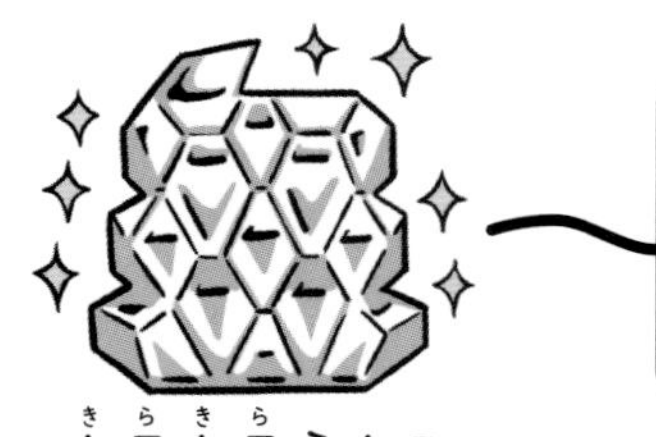
キラキラうんこ

みぎから　2ばんめで，
さかさまうんこの　うえ。

うんこロッカー（ろっかあ）

7だんうんこ

ツノ（つの）ありうんこ

バカ（ばか）うんこ

さかさまうんこ

ほそいうんこ

まっかなうんこ

ふわふわうんこ

アメリカン（あめりかん）うんこ

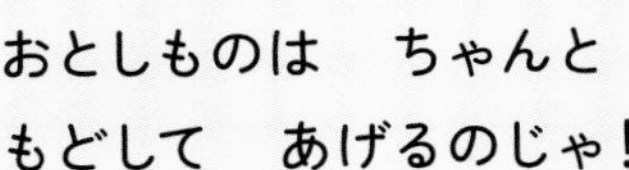

おとしものは　ちゃんと
もどして　あげるのじゃ！

たしざん ⑥

がくしゅうび　がつ　にち

1 うんこが　おちて　います。あかい　じてんしゃが　3だい，あおい　じてんしゃが　1だい　はしって　きて，うんこを　ふんで　いきました。うんこを　ふんだ　じてんしゃは，あわせて　なんだいですか。

しき

こたえ　だい

2 こおった　うんこの　うえを，5とうの　あざらしが　すべって　います。3とう　ふえました。うんこの　うえで　すべって　いる　あざらしは，ぜんぶで　なんとうに　なりましたか。

しき

こたえ　とう

3 けいさんを　しましょう。

① 7＋2　② 5＋5

③ 8＋1　④ 4＋2

ひきざん ❶

がくしゅうび
がつ
にち

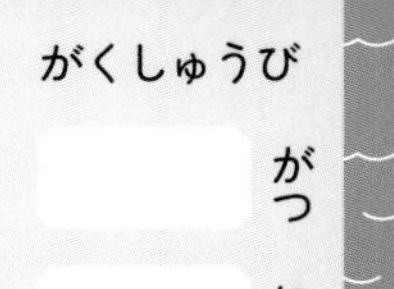

1 したの　えを　みて　こたえましょう。

2こ　おちると…？

① のこりは　なんこに　なりますか。
うんこます に　かずを　かきましょう。

こ

② うんこます に　かずを　かいて　しきに　あらわしましょう。

しき

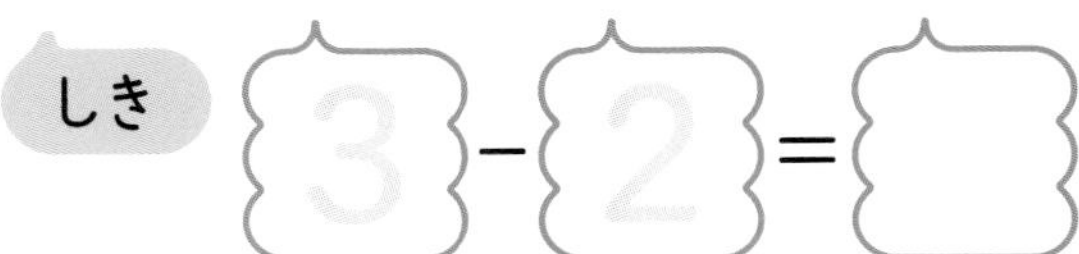

2 したの　えを　みて　こたえましょう。

① かずの　ちがいは　なんこですか。
うんこます に　かずを　かきましょう。

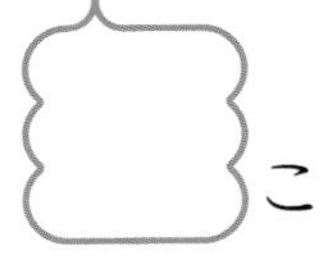
こ

② うんこます に　かずを　かいて　しきに　あらわしましょう。

しき

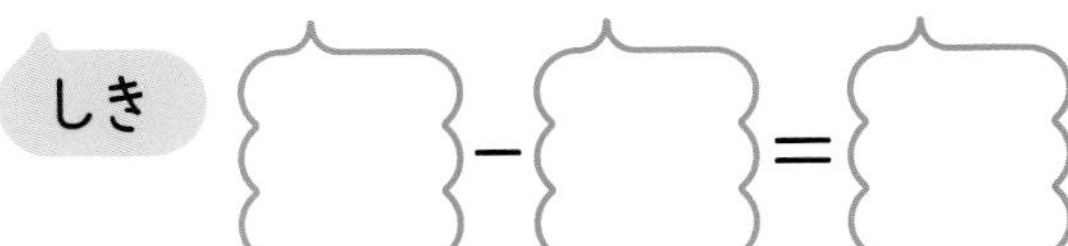

ひきざん ❷

1 てに　うんこを　5こ　のせて　たって　いる　おじさんが　います。ずっと　みて　いたら，おばさんが　きて，2こ　もって　いきました。おじさんの　ての　うえに　のこった　うんこは　なんこですか。

しき

こたえ ＿＿＿＿ こ

2 うんこで　いっぱいの　タンク（たんく）が　たおれそうなので，9にんで　ささえて　います。3にんが　つかれて　かえって　しまいました。のこって　いるのは　なんにんですか。

しき

こたえ ＿＿＿＿ にん

3 けいさんを　しましょう。

① 8−6

② 2−1

③ 7−2

④ 6−4

ひきざん ❸

がくしゅうび　がつ　にち

1 うしが　5とう　あばれて　います。ぼくの　うんこを　みせたら，その　うちの　4とうが　おとなしく　なりました。まだ　あばれて　いる　うしは　なんとうですか。

しき

こたえ ＿＿＿＿ とう

2 うんこを　もらしても　よいように，パンツ（ぱんつ）を　10まい　はいて　がっこうへ　いきました。あつかったので　2まい　ぬぎました。いま　はいて　いる　パンツ（ぱんつ）は　なんまいですか。

しき

こたえ ＿＿＿＿ まい

3 けいさんを　しましょう。

① 9－5　② 3－2

③ 7－1　④ 8－4

ひきざん ④

がくしゅうび　　がつ　　にち

1 みずたまの　みずぎを　きた　おじさんが，うんこを 10こ　くれました。しましまの　みずぎを　きた おじさんが，うんこを　6こ　くれました。 みずたまの　みずぎを　きた おじさんは，しましまの　みずぎを きた　おじさんより　なんこ おおく　うんこを　くれましたか。

しき

こたえ ＿＿＿＿ こ

2 うんこに　むかって　あかえんぴつと　あおえんぴつを たくさん　なげました。あかえんぴつが 8ほん，あおえんぴつが　1ぽん ささりました。ささった　かずは どちらが　なんぼん　おおいですか。

しき

こたえ ＿＿＿＿えんぴつが ＿＿＿ほん おおい。

3 けいさんを　しましょう。

① 7－4　　② 5－3

③ 9－2　　④ 10－1

ひきざん ⑤

がくしゅうび　がつ　にち

1 うんこで　サッカー(さっかあ)を　しました。あかぐみは　10てん，しろぐみは　9てん　とりました。どちらが　なんてん　すくないですか。

しき

こたえ　＿＿＿＿が　＿＿てん　すくない。

2 おとうさんの　うんこに　キリギリス(きりぎりす)が　8ひき，トノサマバッタ(とのさまばった)が　2ひき　とまって　います。キリギリス(きりぎりす)は　トノサマバッタ(とのさまばった)より　なんびき　おおく　とまって　いますか。

しき

こたえ　＿＿＿＿ぴき

3 けいさんを　しましょう。

① 9－1　　② 7－5

③ 4－2　　④ 10－3

ひきざん ⑥

1 9にんぐみの アイドルが，うんこを がまんしながら おどって います。その うちの 4にんが うんこを もらしました。うんこを がまんできた アイドルは なんにんですか。

しき

こたえ　＿＿＿＿にん

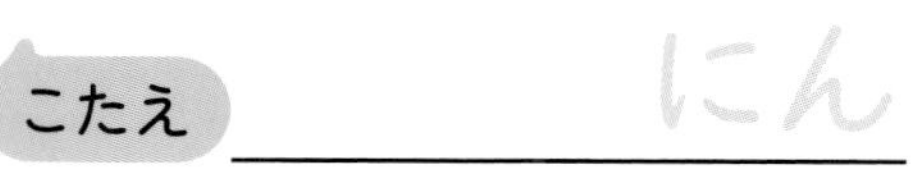

2 かわいい けしごむが 10えんで うられて います。かわいい うんこは 3えんで うられて います。どちらが なんえん たかいですか。

しき

こたえ　かわいい＿＿＿＿が＿＿えん たかい。

3 けいさんを しましょう。

① 6−2　　② 6−1

③ 10−5　　④ 9−8

0の　けいさん ①

1 おでこに　うんこを　3こ　のせて，
がっこうへ　いきました。とちゅうで
おとした　かずは　0こです。がっこうに
ついた　とき，おでこに　のって　いた
うんこの　かずは　なんこですか。

しき

こたえ ＿＿＿＿＿ こ

2 えんとつが　たくさん　たって　います。けむりを
だして　いる　えんとつが　8ほん
あります。うんこを　だして　いる
えんとつが　8ほん　あります。
ちがいは　なんぼんですか。

しき

こたえ ＿＿＿＿＿ ほん

3 けいさんを　しましょう。

① 9＋0　　② 0＋5

③ 2－0　　④ 6－6

0の　けいさん ❷

1 10にんの　せんせいが，がっこうから　こうえんに　うんこを　しに　いきました。その　あと，がっこうに　もどって　きたのは　0にんです。もどって　きて　いない　せんせいは　なんにんですか。

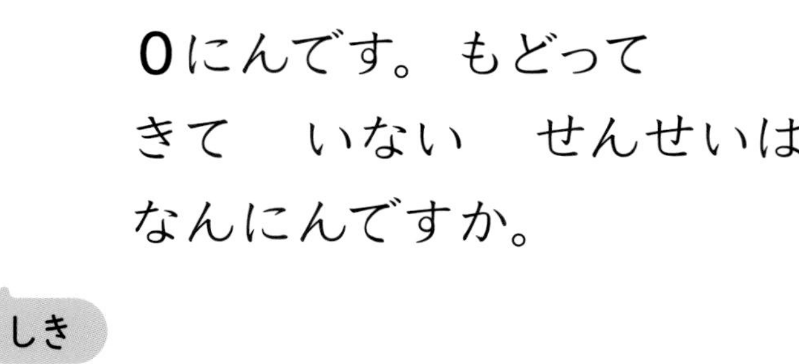

しき

こたえ ＿＿＿＿＿＿ にん

2 たからばこを　あけました。はいって　いた　うんこの　かずは　0こでした。ほうせきの　かずも　0こでした。うんこと　ほうせきは　あわせて　なんこですか。

しき

こたえ ＿＿＿＿＿＿ こ

3 けいさんを　しましょう。

① 0＋7　　② 1＋0

③ 0－0　　④ 4－0

21 さんすう

なんじ，なんじはん

がくしゅうび　がつ　にち

1 なんじ，または　なんじはんですか。{ }(かっこ)に　かきましょう。

① { }　② { }　③ { }

2 とけいに　ながい　はりを　かきましょう。

① 3じはん　② 6じはん　③ 8じ

うんこもんだいを

1 すきな　ことばや　かずを　いれて，
うんこもんだいを　つくって　みよう。

うんこ先生(せんせい)の　おてほん

{せんせい}の　あたまの　うえに　うんこが　5　こ　のって　います。
さらに，{けんすけくん}が　3　こ　のせました。
あたまの　うえの　うんこは，ぜんぶで　なんこに　なりましたか。

⬇だれの　あたまかな？　⬇なんこかな？

{　　　}の あたまの うえに うんこが [　] こ のって います。

⬇だれが　のせたかな？　⬇なんこかな？

さらに，{　　　}が [　] こ のせました。

あたまの うえの うんこは，ぜんぶで なんこに なりましたか。

もんだいが
できたら　じぶんで
けいさんして
みるのじゃ！

つくって みよう！

1

「うんこ」と 「たのしい」が はいった ぶんを つくって みよう。

うんこ先生(せんせい)の おてほん

うんこを まわして、たのしい。

きみも かいて みよう！

「うんこ」と 「たのしい」が はいった ぶんを、じぶんで かんがえて つくる ことが できたかのう？

ぜんぶ できたね！

さくぶん②

がくしゅうび　　がつ　　にち

1 えに あうように、（　）に あう ことばを □から えらんで かきましょう。

①

（　いつ　）、ぼくは ともだちと

うんここうえんへ

（　どう した　）。

（　どんな　） うんこの

すべりだいで あそびました。

こんどは、みんなで

うんこゆうえんちへ いきたいです。

あおい
きのう　いきました

②

（　いつ　）、がっこうへ いくと、

（　どこに　） うんこを

からだじゅうに まきつけた

（　だれが　） いました。

びっくりしましたが、

みんなと たのしそうに

（　どう した　） います。

おじさんは、あたらしい

せんせいでした。

おじさんが　きょう
はなして　きょうしつに

さくぶん ①

がくしゅうび　　がつ　　にち

1 えに　あう　ように、「だれが」「だれは」に　あたる　ことばを　○で　かこみましょう。

① ｛いもうと／おとうさん｝が、うんこを　もらす。

② ｛うんこ／わたし｝は、ふくを　きがえる。

③ ｛うんこ／ひつじ｝が、さくを　とびこえる。

2 えに　あう　ように、「なにを」に　あたる　ことばを　○で　かこみましょう。

① おかあさんが、｛うんこ／さら｝を　かたづける。

② うんこが、｛やま／かいだん｝を　のぼる。

③ せんせいが、｛うんこ／くるま｝を　あらう。

19 こくご

しりとり

がくしゅうび　がつ　にち

1 えを　みて、しりとりに　なるように　うんこますに　じを　かきましょう。

「。」(まる)や「、」(てん)の つかいかた

がくしゅうび　　がつ　　にち

1 □(うんこます)に「。」(まる)か「、」(てん)を かきましょう。

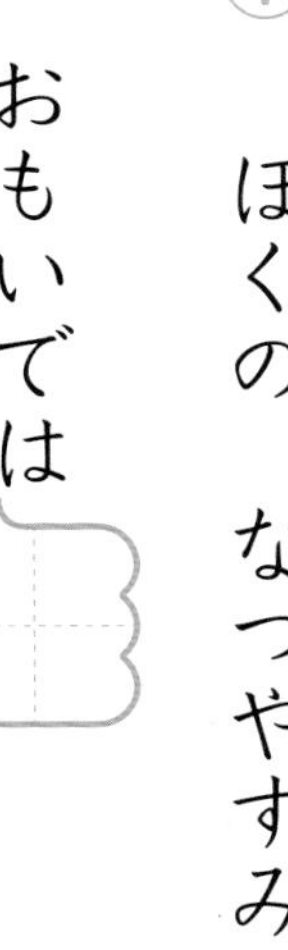

①

ぼくの なつやすみの
おもいでは□
ともだちと さんにんで
うんこあつめを した ことです□
あつめた うんこは□
たからものと いっしょに□
やまの なかの
ひみつきちに
うめて
おきました□

②

うんこむしは□うんこに
そっくりの いきものです□
とても めずらしいので、 あまり
みる ことは できませんが□もし
みつけられたら□とても いい
ことが あるかも しれませんよ□
にじのように きれいな
うんこむしや□
くじらより おおきな
うんこむしも います□

17 こくご

せつめいぶんの よみとり ②

がくしゅうび　がつ　にち

1 つぎの　ぶんしょうを　こえに　だして　よんでから、もんだいに　こたえましょう。

16の　つづき

おはじきうんこは、かずを　かぞえたり、あそんだり　するのに　つかいます。

とげとげうんこは、はなを　さして　かざるのに　つかいます。

とげとげうんこの　とげは、はりのように　とがって　います。

［　］、ちいさい　こどもが　さわると　けがを　して　しまいます。

もし、いえに　ある　とげとげうんこを　さわる　ときは、てぶくろを　しましょう。

① おはじきうんこと、とげとげうんこに　ついて、あう　ものを　えらんで、せんで　むすびましょう。

おはじきうんこ・
とげとげうんこ・

・はなを　さして　かざる。
・みずに　いれると　いろが　かわる。
・かずを　かぞえたり、あそんだり　する。

② ［　］に　あう　ことばを　つぎから　ひとつ　えらんで　○を　つけましょう。

（　）だから
（　）けれども
（　）しかし

せつめいぶんの よみとり ❶

がくしゅうび　がつ　にち

1 つぎの ぶんしょうを こえに だして よんでから、もんだいに こたえましょう。

うんこやさんでは、つぎのような
うんこが うられて います。

おはじきうんこ

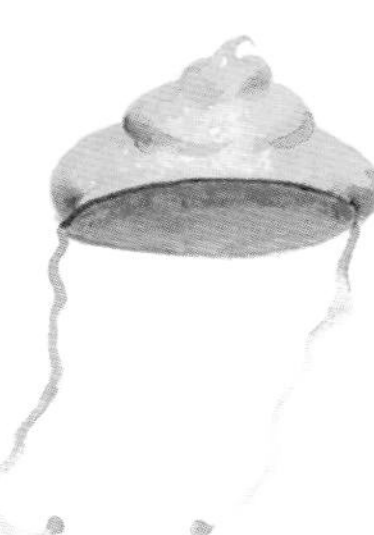

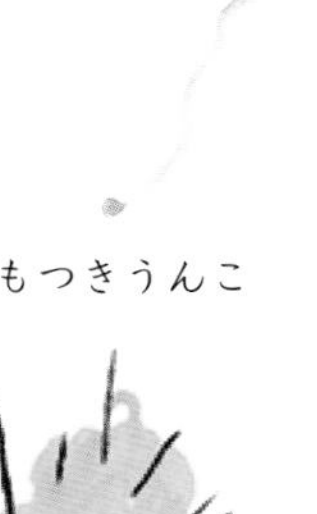
ひもつきうんこ

とげとげうんこ

いちばん うれて いる
うんこは、ひもつきうんこです。
どうして うれて いるのでしょう。
それは、あたまに かぶる ことが
できるからです。
あつい なつは、ひざしを
さけられるから、むぎわらぼうしの
かわりにも なります。

① うえの ぶんしょうは、あいうの うち、
どれに ついて かかれて いますか。

あ おはじきうんこ
い ひもつきうんこ
う とげとげうんこ

（　　）

② ひもつきうんこが いちばん うれて
いるのは どうしてですか。

あたまに
（　　） ことが
できて、あつい なつは ひざしを
（　　）から。

「は」「を」「へ」の つかいかた ②

がくしゅうび　□がつ　□にち

1

□から あう じを えらんで、□（うんこます）に かきましょう。

は　わ

① □に□とりの うんこ□かたい。

え　へ　お　を

② □んぴつと うんこ□もって、□にたいじ□いこう。

は　わ　お　を

③ □とうさん□、あそこで□にの うんこ□みて います。

2

えに あうように、□（うんこます）に「は」「わ」「を」「お」「へ」「え」の どれかを かきましょう。

いもうとと、こう□んで あそんで いる とき、□ねの ある うんこ□ みつけました。

いもうとが「か□いいなあ。いえで かいたいな。」と いって ちかづくと、うんこ□、□んな か□で とおく とんで いって しまいました。

「は」「を」「へ」の つかいかた ❶

がくしゅうび　がつ　にち

1 ただしい ほうに ○を つけましょう。

①これ｛わ・は｝うんこだ。

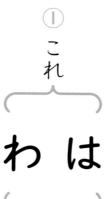

②うんこいわ｛え・へ｝わたる。

③うんこ｛を・お｝きる。

2 [　]から あう じを えらんで、[うんこます]に かきましょう。

①[は・わ]　[　]たし[　]、うんこです。

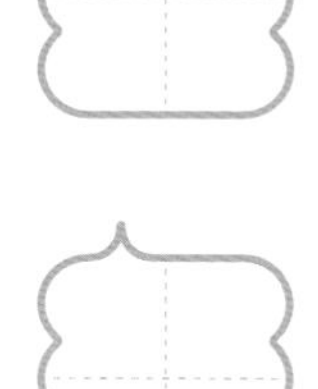

②[を・お]　うんこ[　]のせる。[　]なかに

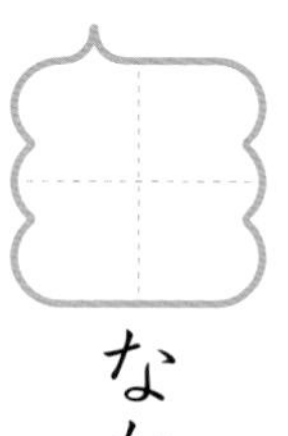

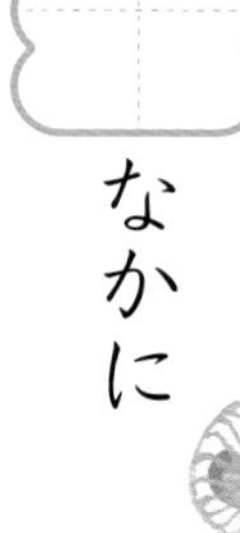

③[へ・え]　こう[　]ん[　]うんこを もって いく。

ぶんの　くみたて ❷

がくしゅうび　がつ　にち

1 えを　みて、うんこますや　かっこに　あう　ことばを　から　えらんで　かきましょう。

だれ
が　どうする
。

だれ
が
。

だれ
が
。

だれ
が
。

だれ
が
。

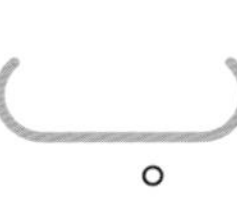
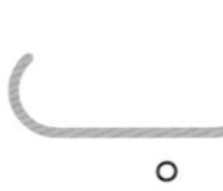
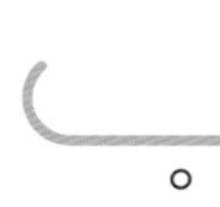
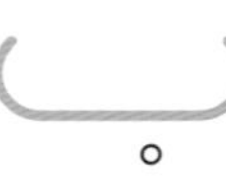

だれ
ぶた　とら
おじさん
ひつじ　たこ

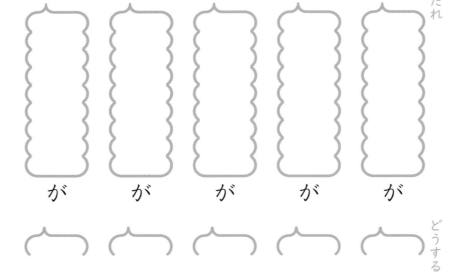

どうする
はこぶ　みがく
ねる　かくれる
なげる

ぶんの　くみたて ①

がくしゅうび　　がつ　　にち

1

えに　あうように、（かっこ）に　あう　ことばを　□　から　えらんで　かきましょう。

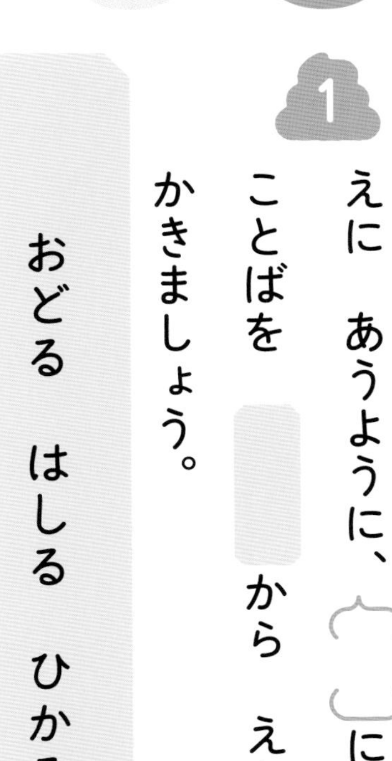

おどる　はしる　ひかる

① うんこが（　　　）。

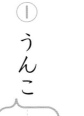

② うんこが（　　　）。

③ うんこが（　　　）。

2

えを　みて、□（うんこます）に「が」「に」「を」の　どれかを　かきましょう。

① うんこ□　すわる。

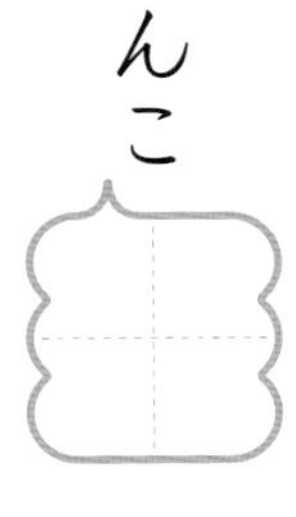

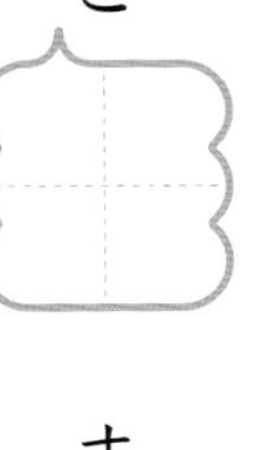

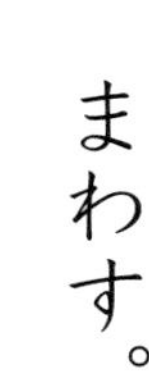

② うんこ□　まわす。

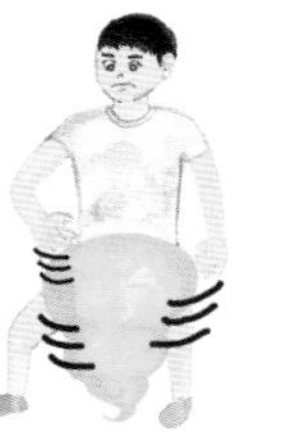

③ うんこ□　にげる。

④ うんこ□　なでる。

・めがねを　かけて　いるぜ。
・はちまきを　まいて　いるぜ。

・なすを　もって　いるよ。
・ぼくと　そっくりの　かおを　して　いるんだ。

・きみどりの　ふくを　きて　いるの。
・おはなが　だいすきなの。

・かみのけは　ながいぞ。
・いつも　ほんを　もって　いるぞ。

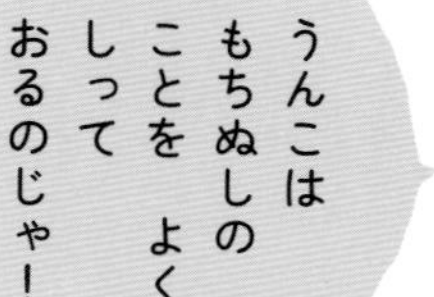

うんこは　もちぬしの　ことを　よく　しって　おるのじゃ！

11
スペシャル

だれの うんこかな？

うんこが もちぬしの ようすを はなして いるよ。
だれの うんこか わかるかな？
うんこの もちぬしを みつけて、あ い う え の
だれなのかを □（うんこます）に かこう。

あ

い

う

え

ものがたりぶんの よみとり ④

がくしゅうび　　がつ　　にち

1 つぎの　おはなしを　こえに　だして　よんでから、もんだいに　こたえましょう。

9の つづき

うさぎの　だいじな　うんこは
なかなか　みつかりません。
うさぎは　すこし
なきました。それを
みた　たびびとが　いいました。
「うんこが　みつからなくて、
ぼくも　ざんねんだよ。
でもね、いっしょに　うんこを
さがした　おかげで、ぼくたち、
ともだちに　なれたよ。」
「そうだ、そうだ！」
おおかみが、たのしそうに
ほえて　います。
かっぱも　うれしく　なって、
でんぐりがえしを　しました。

① 「ぼく」とは、だれですか。あいうの　うち　□に　かきましょう。

あ　うさぎ
い　たびびと
う　かっぱ

② なぜ　おおかみは　ほえて、かっぱは　でんぐりがえしを　したのですか。○で　かこみましょう。

かなしいから
うれしいから
さびしいから

ものがたりぶんの よみとり ③

がくしゅうび　　がつ　　にち

1 つぎの おはなしを こえに だして よんでから、もんだいに こたえましょう。

たびびとが　おおかみと　かっぱを
つれて　やまを　あるいて　いると、
うさぎが　だいじな　うんこを
なくして、こまって　いました。
そこで、みんなで、うんこを
さがすのを　てつだって　あげる
ことに　しました。
「あった！」
おおかみが　さけびました。
けれども、それは、
まつぼっくりでした。
「あった、あった！」
かっぱが　さけびました。
けれども、それは、ねて　いた
もぐらでした。

① みんなで　うんこを　さがして　いるのは　どうしてですか。

うさぎが　だいじな　うんこを　＿＿＿＿＿＿　いたから。

② 「みんな」とは　だれの　ことですか。あう　じんぶつ　すべてに　○（まる）を　つけましょう。

たびびと　　うさぎ
おおかみ　　かっぱ

8
こくご

「や・ゆ・よ」や 「っ」の つく ことば ②

がくしゅうび　がつ　にち

1 えの なかに ある ちいさい 「や・ゆ・よ・っ」が つく ものを 5こ みつけて、□（うんこます）に かきましょう。

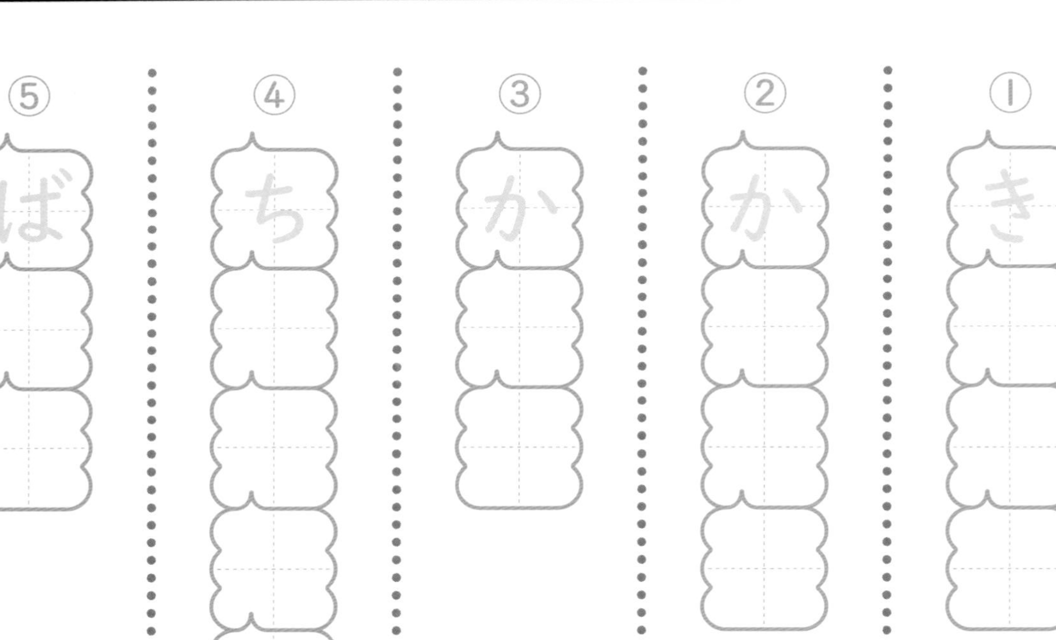

① き□□□□
② か□□□□
③ か□□□
④ ち□□□□□う
⑤ ば□□□

「ゃ・ゅ・ょ」や「っ」の つく ことば ❶

がくしゅうび　がつ　にち

1 えに あう ことばに なるように、□(うんこます)に ちいさい「ゃ・ゅ・ょ・っ」を かきましょう。

① おもち□
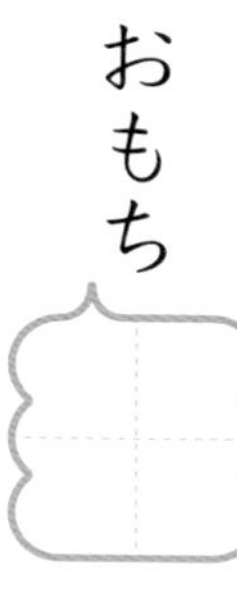

② し□ぽ

③ り□う

④ きんぎ□

2 えに あう ことばに なるように、□(うんこます)に じを かきましょう。

① たん じ□う□び
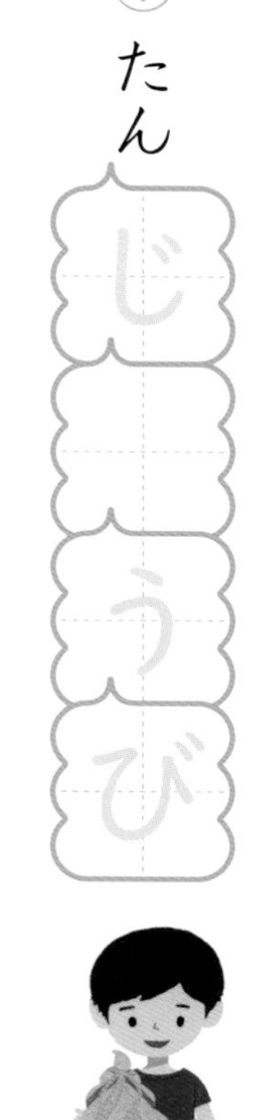

② ち□□□□□

③ □□□□
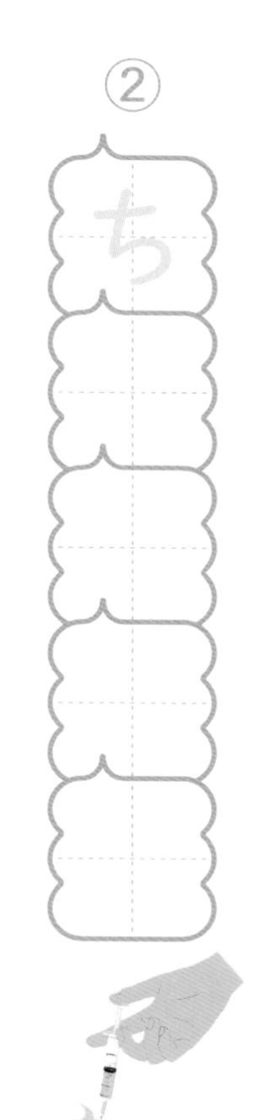

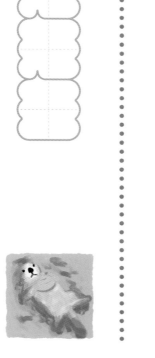

④ □□□□□
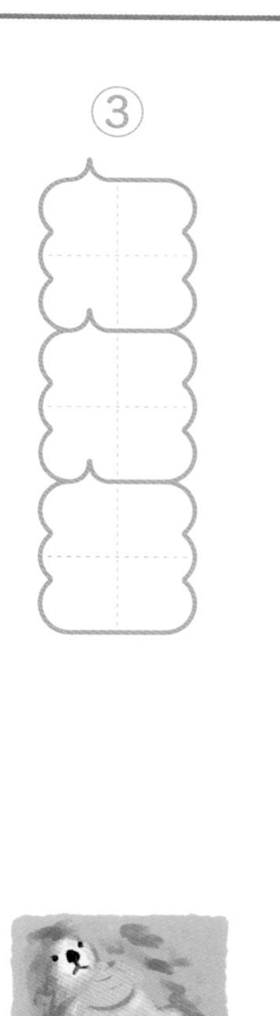

のばす　おん

がくしゅうび　がつ　にち

1 えに　あう　ことばに　なるように、うんこますに　じを　かきましょう。

① おか□さん
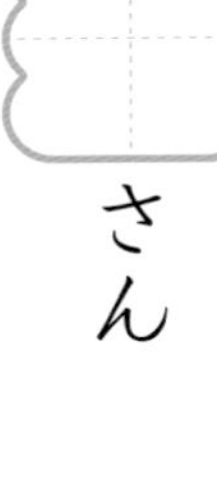

② おね□さん

③ ぼ□し

④ たいよ□

2 えに　あう　ことばに　なるように、うんこますに　じを　かきましょう。

① せんせ□

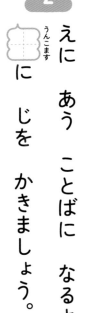

② おおかみ

③ かき□り

④ せん□□□
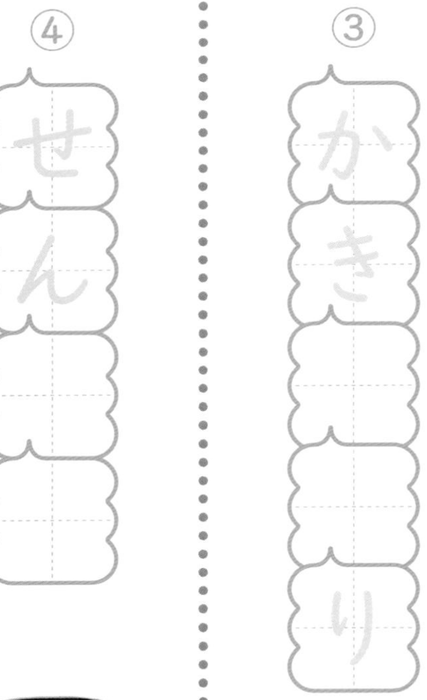

「゛」や「゜」の つく ことば

がくしゅうび　がつ　にち

1

えに あう ほうの ことばに ○(まる)を つけましょう。

① 

ぶた　ふた

② 

こま　ごま

③ 

かき　かぎ

④ さる　ざる

2

えに あう ことばに なるように、(うんこます)に じを かきましょう。

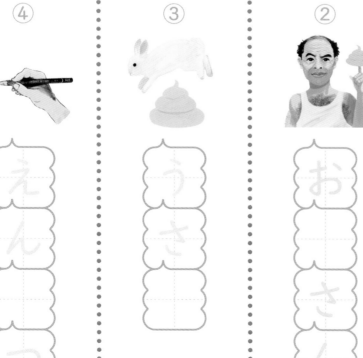

① 

さ ん □

② 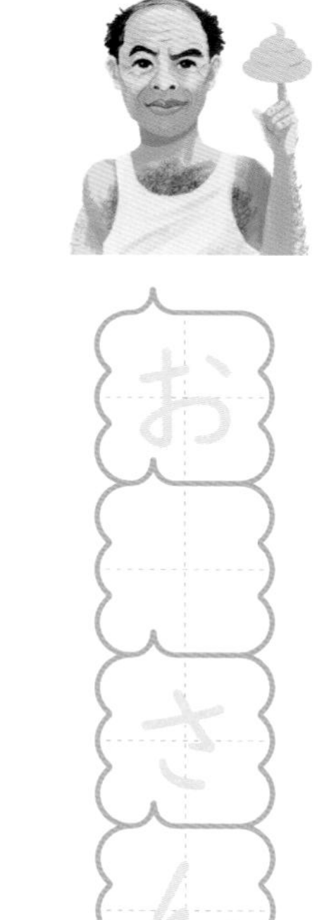

お □ □ さ ん

③ 

う さ □

④ 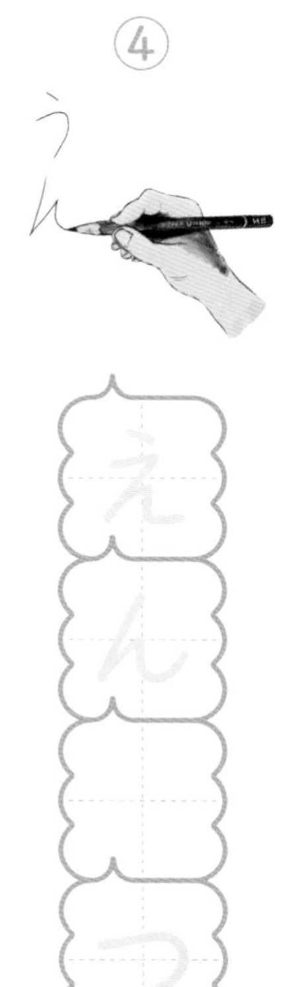

え ん □ つ

ものがたりぶんの よみとり ②

がくしゅうび　がつ　にち

1 つぎの　おはなしを　こえに　だして　よんでから、もんだいに　こたえましょう。

3の　つづき

そこへ、けんすけくんと
こういちくんが　きました。
ふたりも　うんこおどりの
おじさんを　みて、おどろきました。
けんすけくんは、もって　いた
おもちゃを　おとして　しまいました。
こういちくんも、かきごおりを
こぼして　しまいました。
そんな　ふたりと
たけしくんを　みて、
たけしくんの
おとうさんが　いいました。
「きみたちにも、うんこおどりを
おしえよう。」

① おとこのこたちが、もって　いたのは
なんですか。線で　むすびましょう。

けんすけくん・　　・かきごおり
こういちくん・　　・うんこ
　　　　　　　　　・おもちゃ

② 「きみたち」とは　だれですか。
あう　なまえ　すべてに　○を
つけましょう。

たけしくん　　けんすけくん
ぽぴりんくん　こういちくん
ごるばちょふくん

ものがたりぶんの よみとり ①

がくしゅうび　　がつ　　にち

1 つぎの おはなしを こえに だして よんでから、もんだいに こたえましょう。

たけしくんは、おとうさんと
こうえんに いきました。すると、
りょうてに うんこを もって、
ひとりで おどって いる
おじさんが いました。
だから、たけしくんは
びっくりしました。
じっと みて いると、おじさんが
はしって きて、いいました。
「おはようございます!! きのうは、
ありがとうございました！」
きのう、たけしくんの
おとうさんが、おじさんに
うんこおどりを おしえたのです。

① たけしくんは、だれと こうえんに いきましたか。

② たけしくんは、おじさんが なにを して いたので びっくりしたのですか。

おじさんが りょうてに うんこを もって〔　　〕**いたから。**

③ たけしくんの おとうさんが おじさんに おしえたのは、あいうの どれですか。（うんこます）に かきましょう。

あ **うんこおどり**
い **うんこはこび**
う **うんこすべり**

ひらがな ❷

がくしゅうび　がつ　にち

1 えに　あう　ほうの　ことばに　○（まる）を　つけましょう。

①
（　）あり
（　）あい

②
（　）かもぬ
（　）かもめ

③
（　）ほたろ
（　）ほたる

④
（　）うきわ
（　）うさわ

2 えに　あう　ことばに　なるように、□（うんこます）に　じを　かきましょう。

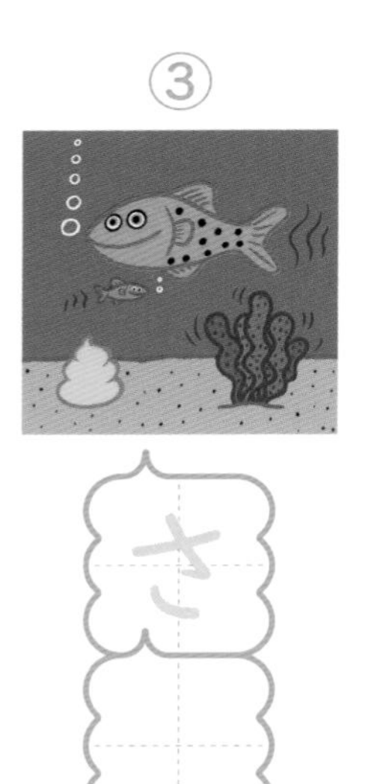

① い□□
② か□
③ さ□□□
④ ひ□□□□

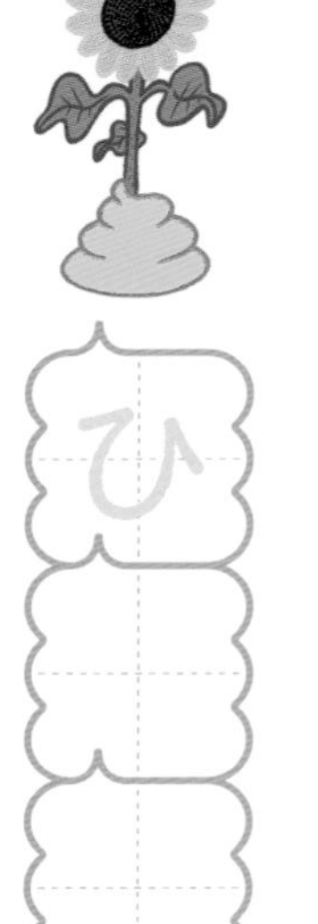

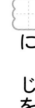

ひらがな ❶

がくしゅうび　　がつ　　にち

1 えに　あう　ことばに　なるように、うんこます（うんこます）に　じを　かきましょう。

①

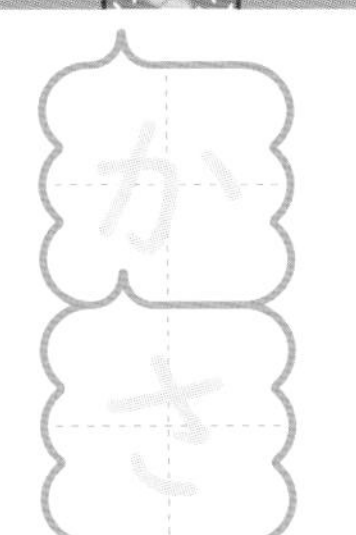

うみ

②

かさ

③

すいか

④

ふうりん

2 えに　あう　ことばに　なるように、うんこます（うんこます）に　じを　かきましょう。

①

な

②

か

③

ふ

④

う

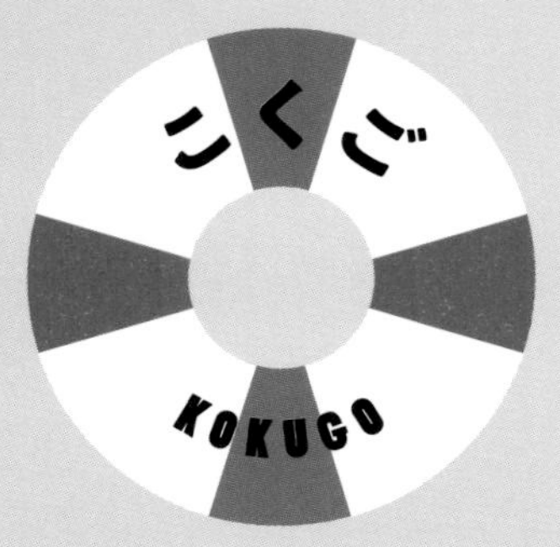
こくご
KOKUGO

うんこ夏休みドリル もくじ

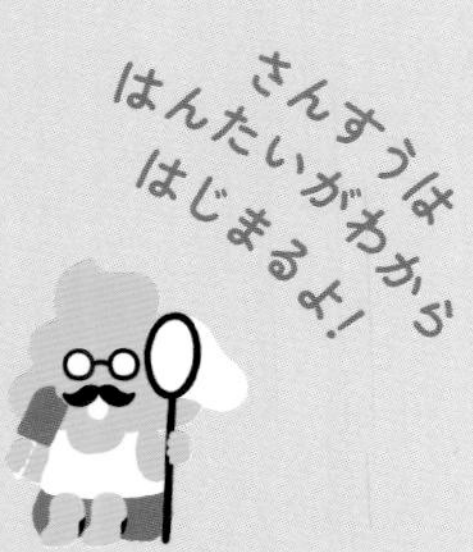
さんすうは
はんたいがわから
はじまるよ!

がんばるのじゃ

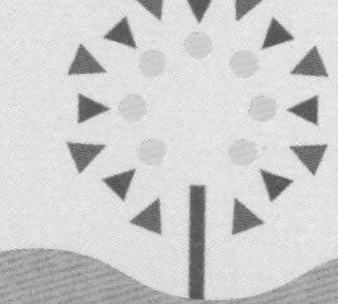
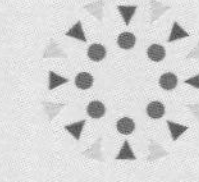
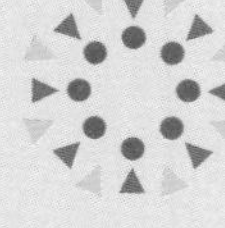
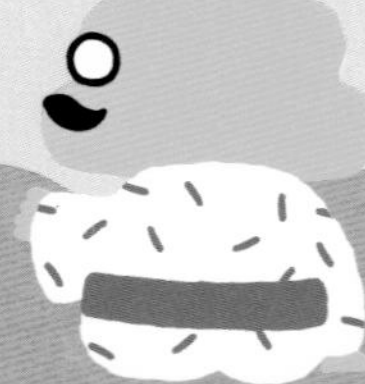

読む順番

矢印の順番に読んでください

↓ではここから！『おはよう！うんこ先生』第1話 スタートです！

1

2

ボクらが先生と出会ったのは…
夏休み最後の暑い日のことだった——
ミーンミン
あっちぃ～
あー あっちぃなァ
あつい…
ジリ ジリ
8月31日
ガッ
もう市営プールもやってないしなァ…
あれは…
ポヤ～～ン
ん?
あんなところにでっかいソフトクリームが!!
おお!
だだだ

登場人物紹介

うんこ先生
ある日とつぜん主手山小学校6年2組にやってきたナゾの先生！

月見里たつき
主手山小6年2組の男子。うんこが担任なんてイヤだ！と主張するが…？

田中ともひこ
通称トッコ。たつきといつも一緒に遊んでいる。

3

うんこ???
どーーーん
しかも服きてる…
ハァ ハァ
なんだよ キモチ悪い…
帰ろ帰ろ
あー ちょっとちょっと きみたち
しゃべったね…
このあたりに主手山小学校という学校はないかのう
!
ボクたちの小学校だ…
そんな学校知らないなァ
えっ
あー それな…
スッ

4 
9月1日
主手山小学校
はーい!
みんなー
……
いこういこう
お…おい
たつき
どうして
いやァ だって
見るからに
やばいってアレ
うんこだよ
まぁたしかに
産休のタチバナ先生にかわって
今日からこの
6年2組に
新しい先生が
いらっしゃいます!
イケメン
校長
おっ!
新しい
先生だって!!
わくわく
かっこいい先生
だといいなァー
じゃあ
先生どうぞ!
ガラッ
5 
どーーん
はい
おはようございまーす!
うんこ!!!!
こちら新しく
担任になる
うんこ先生です
うんこ
という以外は
普通の先生と
同じなので
みんな早く
なれるように〜
みなさんよろしくですじゃ
無理!!!!
じゃあ私は
日焼けサロンに
行くのでこれでー
先生あと
よろしく
おねがいします
おつかれさま
ですじゃ
まともな先生が
いねェーーッ!!
さぁ
というわけ
なんじゃが…
まずは
先生の…
ちょっと
待ってよ!
ガタッ
6 
なんでボクたちの
クラスだけ先生が
うんこなんだよ!
小学生だからって
バカにしてるっ!!
ズバババ
うんこが授業なんて
できるわけないじゃんか!
うーーん
きみは
ハッキリものを
言う子じゃなァ
えーと
名前は…
月見里
月見里くんか
…!
ボ…
ボクの名前を
まちがえずに
一発で読めたッッ
こんな先生
はじめてだ…!!!
どどぉーーん
先生
うんこだけど
実はちゃんとしてる
先生なのかも…!
…っと
わしの自己紹介の
途中じゃったな
先生の名前は…
カッ
7 
「うんこぶりを」
と言います
キラーン
うんこぶりを
こいつ絶対
ふざけてるよネ
アーッハハハハ
うんこぶりを
だってよーー!
なんだその名前
おかしすぎるぜ!
……
笑っていいんかのう
!
人の名前で…
うんこぶり
人の名前で
笑っても
ええんかのう?
ずいっ
ん?
きみはそういう風に
これまで教わって
きたんか??
ん?
ちげェ
えーと…
田中

田中くん…
ブブッ
ふつう!!!
ぶばっ
たなかて!!
失礼な奴だな!!!
ところできみたちは…
コホン
昨日わしにウソをついたのう
?
あ
ハッ
そういえば…
!!
あ…あやしい…
わしが…
怪しかったからだよ!!
あんなとこにうんこなんか座ってたら逃げるに決まってるじゃん!!!
わしが困っとったのに学校の場所を教えてくれんかった…
困っとる人には親切にせんといかんじゃろ?
だ…だって

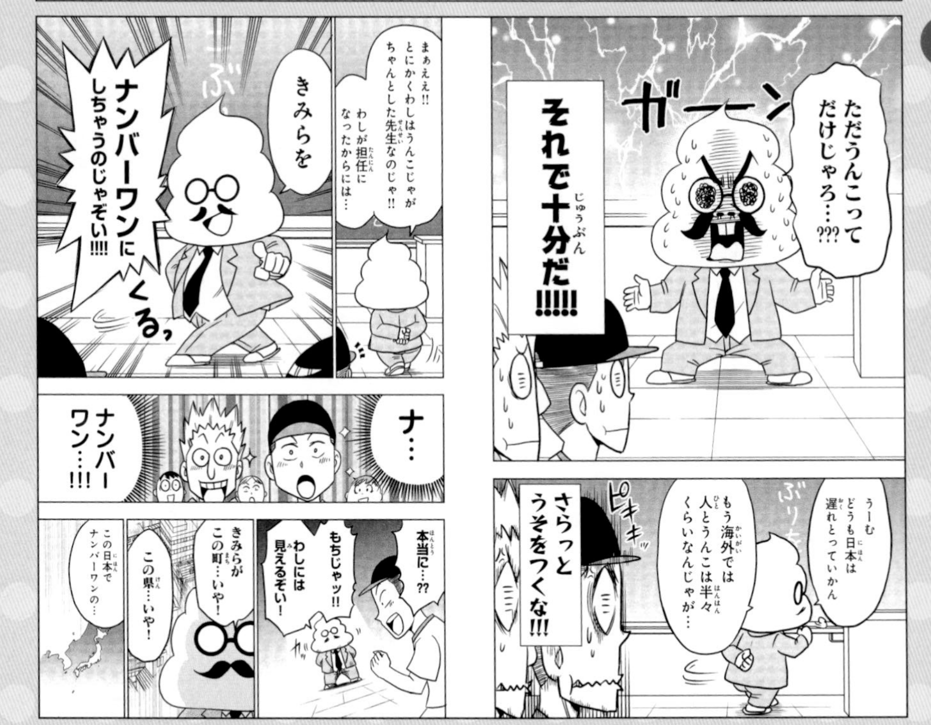
ただうんこってだけじゃろ…???
ガーン
それで十分だ!!!!!
うーむどうも日本は遅れとっていかん
もう海外では人とうんこは半々くらいなんじゃが…
ピキキッ
さらっとうそをつくな!!!
まぁええ!!とにかくわしはうんこじゃがちゃんとした先生なのじゃ!!
わしが担任になったからには…
きみらを
ナンバーワンにしちゃうのじゃぞい!!!!
くるっ
ナ…
ナンバーワン…!!!
本当に…??
もちじゃッ!!
わしには見えるぞい!!
きみらがこの町…いや!
この県…いや!
この日本でナンバーワンの…

おすもうさんになっとる姿が!!!!
ワー ワー
なぜ!!!!!!?
わしを先生として認めるかどうか…
これを見てから判断してほしいのじゃ!
ぐ…
ふつうの先生には…
絶対にこんなことできんぞい!!
おおお~!!!
もういいよ!絶対ふざけてるこのバカうんこ!!
ドドドドド
ちょちょちょ
ふつうの先生がいいよ!校長先生に言いに行こう
ゾロゾロ

ぼわんっ
ひげ濃くなっただけ~~~~ッ!!!?!
そしてキモイ!

ハァ ハァ ハァ
バタリ
しかもなんか死にかけてる!!!!

ちぇっ
なんだよ変身でもするのかと思ったじゃん
それならちょっと面白かったのに!!
オレもビーム光線とか出るのかと思ったぜ
出るわけないでしょ!バカばっかね

……
変身とビームくらいなら…
ゴワッ

12

ビュッ
ブワーン!!
どかあん
こんなんでええなら…
ひゅん…

13

バカ男子!!!
キラ キラ キラ キラ キラ
もうっ!何してるのよ!!
ペシコン ペシコン
てっ!
いかんいかん なんかペースにハメられてる!
ふり ふり
絶対おかしい!
こんなふざけてる先生ダメだよ!
……
何で先生がふざけてたらいかんのじゃ?
ぶり
……
えッ!?
だ…だって先生だろ!? 先生はちゃんとして
ボクたちに勉強を教えるのが仕事だ!
ふーむそうか 先生ってちゃんとしとらんとダメかいな?
当たり前だろー!

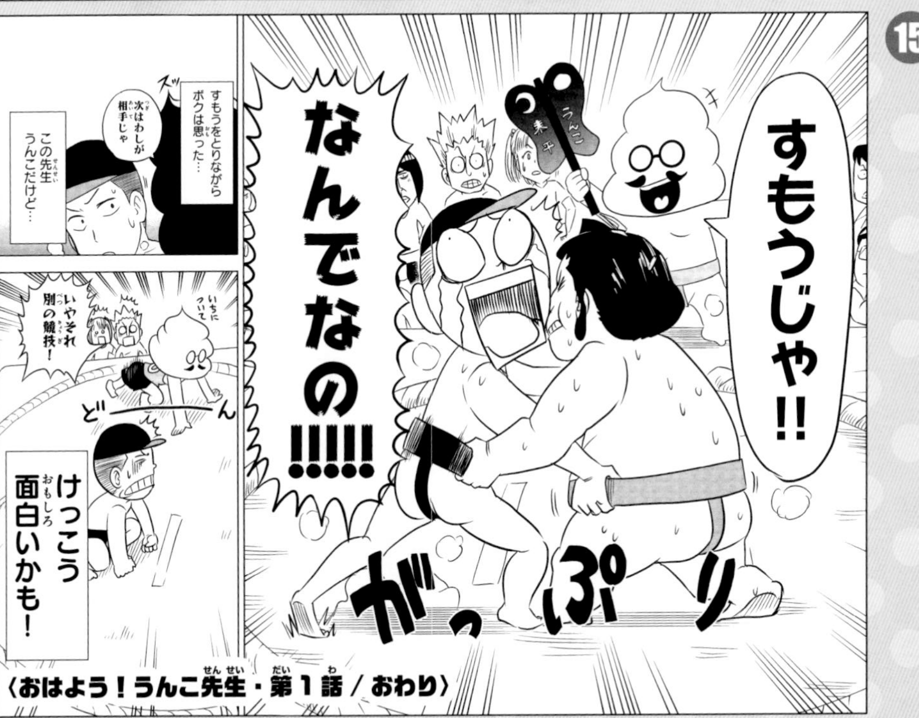

うんこドリル

東京大学との共同研究で学力向上・学習意欲向上が実証されました！

① 学習効果UP!

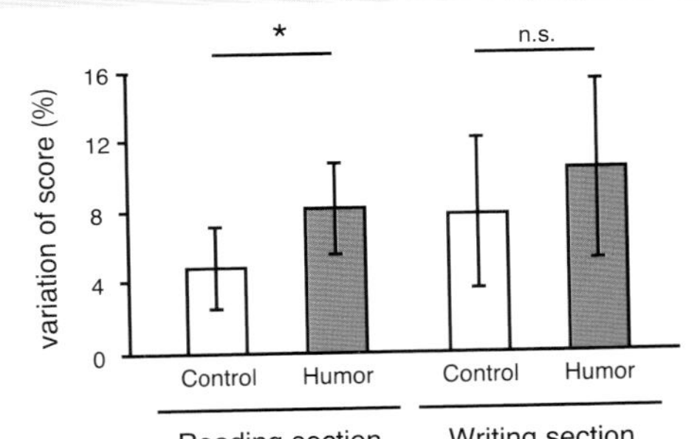

※「うんこドリル」とうんこではないドリルの、正答率の上昇を示したもの。
Control＝うんこではないドリル　／　Humor＝うんこドリル
Reading section＝読み問題　／　Writing section＝書き問題

オレンジのグラフがうんこドリルの学習効果なのじゃ！

うんこドリルで学習した場合の成績の上昇率は、うんこではないドリルで学習した場合と比較して約60%高いという結果になったのじゃ！

② 学習意欲UP!

Alpha　Beta　Slow gamma
Relative ΔEEG power

※「うんこドリル」とうんこではないドリルの閲覧時の、脳領域の活動の違いをカラーマップで表したもの。左から「アルファ波」「ベータ波」「スローガンマ波」。明るい部分ほど、うんこドリル閲覧時における脳波の動きが大きかった。

明るくなっているところが、うんこドリルが優位に働いたところなのじゃ！

うんこドリルで学習した場合「記憶の定着」に効果的であることが確認されたのじゃ！

共同研究　**東京大学薬学部　池谷裕二教授**

1998年に東京大学にて薬学博士号を取得。2002～2005年にコロンビア大学（米ニューヨーク）に留学をはさみ、2014年より現職。専門分野は神経生理学で、脳の健康について探究している。また、2018年よりERATO脳AI融合プロジェクトの代表を務め、AIチップの脳移植による新たな知能の開拓を目指している。
文部科学大臣表彰 若手科学者賞（2008年）、日本学術振興会賞（2013年）、日本学士院学術奨励賞（2013年）などを受賞。

著書：『海馬』『記憶力を強くする』『進化しすぎた脳』
論文：Science 304:559、2004、同誌 311:599、2011、同誌 335:353、2012

先生のコメントはウラへ ➡

考察　池谷裕二教授より

教育において、ユーモアは児童・生徒を学習内容に注目させるために広く用いられます。先行研究によれば、ユーモアを含む教材では、ユーモアのない教材を用いたときよりも学習成績が高くなる傾向があることが示されていました。これらの結果は、ユーモアによって児童・生徒の注意力がより強く喚起されることで生じたものと考えられますが、ユーモアと注意力の関係を示す直接的な証拠は示されてきませんでした。そこで本研究では９～10歳の子どもを対象に、電気生理学的アプローチを用いて、ユーモアが注意力に及ぼす影響を評価することとしました。

本研究では、ユーモアが脳波と記憶に及ぼす影響を統合的に検討しました。心理学の分野では、ユーモアが学習促進に役立つことが提唱されていますが、ユーモアが学習における集中力にどのような影響を与え、学習を促すのかについてはほとんど知られていません。しかし、記憶のエンコーディングにおいて遅いγ帯域の脳波が増加することが報告されていることと、今回我々が示した結果から、ユーモアは遅いγ波を増強することで学習促進に有用であることが示唆されます。
さらに、ユーモア刺激によるβ波強度の増加も観察されました。β波の活動は視覚的注意と関連していることが知られていること、集中力の程度は体の動きで評価できることから、本研究の結果からは、ユーモアがβ波強度の増加を介して集中度を高めている可能性が考えられます。

これらの結果は、ユーモアが学習に良い影響を与えるという instructional humor processing theory を支持するものです。

※ J. Neuronet., 1028:1-13, 2020　http://neuronet.jp/jneuronet/007.pdf

東京大学薬学部　池谷裕二教授

教科書対照表 小学1年生 算数

うんこ夏休みドリル		教科書ページ					
回数	単元名	東京書籍 あたらしい さんすう	啓林館 わくわく さんすう	学校図書 しょうがっこう さんすう	教育出版 しょうがく さんすう	日本文教出版 しょうがく さんすう	大日本図書 たのしい さんすう
1 2	10までの　かず	3～11（①）	すたあとぶっく 10～19	6～23（上）	9～23	14～30（①）	10～27（①）
3 4	いくつと　いくつ	12～31（①）	すたあとぶっく 26～38	24～31（上）	35～43	36～45（①）	33～40（①）
5	なんばんめ	34～37（①）	すたあとぶっく 20～27	32～35（上）	25～28	32～35（①）	28～32（①）
6 7 8 9 10 12	たしざん	2～9（②） 11、12（②）	4～11	36～50（上） 52、53（上）	45～52 54～56	2～10（②） 12、13（②）	3～11（②）
13 14 15 16 17 18	ひきざん	14～18（②） 20～25（②）	14～25	54～60（上） 62～69（上）	59～64 66、67	14～19（②） 21～26（②）	13～19（②） 21～26（②）
19 20	0の　けいさん	10、19（②）	88、89	51、61（上）	53、65	11、20（②）	12、20（②）
21	なんじ、なんじはん	48、49（②）	44、45	86、87（上）	31～33	46、47（②）	47～49（②）